MARIA,
Mãe de Jesus e da humanidade

Aparecida Matilde Alves

MARIA,
Mãe de Jesus
e da humanidade

Novena e Coroação de Nossa Senhora

Citações bíblicas: *Bíblia Sagrada*, tradução da CNBB, 7. ed., 2008.

Editora responsável: *Andréia Schweitzer*
Equipe editorial

Nenhuma parte desta obra poderá ser reproduzida ou transmitida por qualquer forma e/ou quaisquer meios (eletrônico ou mecânico, incluindo fotocópia e gravação) ou arquivada em qualquer sistema ou banco de dados sem permissão escrita da Editora. Direitos reservados.

Paulinas

Rua Dona Inácia Uchoa, 62
04110-020 – São Paulo – SP (Brasil)
Tel.: (11) 2125-3500
http://www.paulinas.org.br – editora@paulinas.com.br
Telemarketing e SAC: 0800-7010081

© Pia Sociedade Filhas de São Paulo – São Paulo, 2012

Introdução

> Ao pronunciar o *fiat* (faça-se) da Anunciação
> e ao dar seu consentimento
> ao Mistério da Encarnação,
> Maria já colabora para toda a obra
> que seu Filho deverá realizar.
> Ela é Mãe onde ele é Salvador
> e Cabeça do Corpo Místico
> *(Catecismo da Igreja Católica).*

Quem é Maria?

Criatura, como todo ser humano, Maria é, entretanto, aquela que "todas as gerações chamarão de bem-aventurada" (cf. Lc 1,48). De todas as criaturas, ela é aquela que os Santos e Doutores da Igreja nomeiam como "a Obra-prima de Deus". O seu "sim" dado a Deus mudou para sempre o curso da história da humanidade.

Para Deus Pai, ela é a mulher escolhida desde toda a eternidade para ser a Mãe de seu Filho – Jesus Cristo, nosso Salvador.

Para o Verbo de Deus, Maria é aquela que lhe deu a humanidade, que envolveu toda a sua vida terrena, a quem ele pôde chamar de Mãe, aquela que consegue dele tudo o que deseja.

Para nós, Maria é Mãe, refúgio de ternura, compaixão e misericórdia, aquela que nos concebe para a vida divina. É também nosso modelo, pois é nossa irmã, conforme a condição humana; a estrela da manhã, na qual ganha vida toda a nossa esperança.

Segundo a Tradição, Maria nasceu em 8 de setembro – data em que a Igreja celebra a Natividade de Nossa Senhora. Filha de Joaquim e Ana, de acordo com os costumes judaicos, aos três anos foi apresentada no Templo de Jerusalém e ali permaneceu até os doze anos, no serviço do Senhor.

O espaço que Maria de Nazaré ocupa nas páginas da Sagrada Escritura é muito mais discreto do que o ocupado por ela nos escritos da Tradição Católica. Os dados estritamente biográficos que aparecem nos Evangelhos dizem-nos que era uma jovem *virgem*, quando concebeu Jesus, o Filho de Deus, *por obra do Espírito Santo*. Era uma mulher amante de Deus e corajosa. O Evangelho de João diz que, antes de morrer, Jesus confiou Maria aos cuidados do apóstolo João, gesto que a Igreja viu como a presença de toda a humanidade a ela confiada – filha da nova Eva.

No Segundo Testamento, Maria é citada dezenove vezes, entre elas:

"Não tenhas medo, Maria [...] Conceberás e darás à luz um filho, e lhe porás o nome de Jesus [...] será chamado Filho do Altíssimo" [...] Maria perguntou ao anjo: "Como acontecerá isso, se eu não conheço homem?". O anjo respondeu: "O Espírito Santo descerá sobre ti, e o poder do Altíssimo te cobrirá com sua sombra. Por isso, aquele que vai nascer será chamado santo, Filho de Deus" (cf. Lc 1,30-35).

... "o que nela foi gerado vem do Espírito Santo. Ela dará à luz um filho, e tu lhe porás o nome de Jesus [...] José fez conforme o anjo do Senhor tinha mandado e acolheu sua esposa. E não teve relações com ela até o dia em que deu à luz o filho, ao qual ele pôs o nome de Jesus (cf. Mt 1,20-25).

No Segundo Testamento, Maria aparece ainda:

- Na visitação à sua prima Isabel, quando canta o *Magnificat* (Lc 1,39-56).
- No nascimento do Filho de Deus, em Belém, que é em seguida adorado pelos pastores e reis magos (Lc 2,1-20).
- No cumprimento da lei da purificação, ao apresentar o Menino Jesus no Templo (Lc 2,22-38).
- À procura do Menino Deus, o qual debatia com os doutores da Lei no Templo (cf. Lc 2,41-50).

- Meditando sobre os fatos da vida de Jesus (Lc 2,51).
- Nas bodas, em Caná da Galileia, quando Jesus transforma água em vinho (Jo 2,1-11).
- Acompanhando Jesus em suas pregações, de quem recebe o grande elogio: "Minha mãe e meus irmãos são aqueles que fazem a vontade de Deus" (cf. Lc 8,19-21; Mc 3,33-35).
- Na aclamação: "Felizes as entranhas que te trouxeram, e os seios que te amamentaram" (cf. Lc 11,27-28).
- Ao pé da cruz, quando Jesus a entrega como mãe ao discípulo amado e este (e toda a humanidade) a ela como seu filho (cf. Jo 19,26-27).
- Depois da ascensão de Cristo aos céus, reunida com os Apóstolos no cenáculo, onde recebem o Espírito Santo no Pentecostes (cf. At 1,14; 2,1-4).

Por que usamos tantos nomes diferentes para nos dirigirmos a Maria?

> *"Todas as gerações, de agora em diante, me chamarão feliz" (Lc 1,48).*

Na Ladainha de Nossa Senhora estão elencados os mais belos títulos com que a Igreja homenageia Maria, a Mãe de Jesus e nossa: *Santa Mãe de Deus, Mãe de Cristo, Mãe imaculada, Virgem fiel, Causa de nossa alegria, Rosa mística, Estrela da manhã, Refúgio dos pecadores, Rainha dos Apóstolos, Rainha da paz...* O mais recente destes títulos – *Rainha das famílias* – foi acrescentado pelo Bem-aventurado João Paulo II, em 1995.

Além destes, Maria recebe títulos originados de suas aparições ou mesmo referindo-se à sua atuação junto às necessidades de seus filhos, no decorrer da história: *Nossa Senhora Aparecida, Nossa Senhora de Fátima, Nossa Senhora do*

Divino Amor, Nossa Senhora da Angústia, Nossa Senhora da Ajuda, Nossa Senhora da Assunção, Nossa Senhora da Glória, Nossa Senhora do Perpétuo Socorro, Nossa Senhora de Nazaré, Nossa Senhora da Piedade, Nossa Senhora do Bom Parto, Nossa Senhora da Cabeça, Nossa Senhora das Graças, Imaculada Conceição, Nossa Senhora de Guadalupe... e tantos outros que nos convidam a considerar a grandeza de Maria junto à Trindade Divina. É sempre a *única* Santíssima Virgem Maria, a Maria de Nazaré, a medianeira de todas as graças junto a seu Filho Jesus em favor da humanidade.

É por isso que seus filhos lhe dedicam tanto carinho. A Igreja, em todo o mundo, consagra a ela o mês de maio e o mês de outubro, dando ênfase também à oração do Santo Rosário, além das suas muitas festas espalhadas durante o ano litúrgico.

Por que coroar Maria como Rainha em suas festas ou no mês de maio?

Desde os primeiros séculos, a poesia cristã e a liturgia cantaram a dignidade régia da Mãe de Deus. Da mesma forma que a luz do dia vem do sol, a realeza de Maria vem de sua maternidade divina. Já na Anunciação o arcanjo falava do reinado sem fim do menino que lhe nasceria por obra e graça do Espírito Santo (Lc 1,33). Para a piedade popular, há uma lógica: rei o filho, rainha a mãe. Por que não haveria de ser Rainha aquela que o próprio Deus escolhera para ser a Mãe do "Rei dos Reis e Senhor dos Senhores" (Ap 19,16) e que, por isso mesmo, fora preservada imaculada desde a concepção, feita "cheia de graça" (Lc 1,28) e mantida virgem durante e depois do parto?

Com a proclamação do dogma da Assunção corporal de Maria ao céu, o título de Rainha e Senhora do Universo vem espontâneo aos teólogos, pregadores e papas. Com o intuito de encerrar o Ano Santo de 1954, decretado pelo Papa Pio XII como ano de celebração do Primeiro Centenário do Dogma da Imaculada Conceição, o Santo Padre escreveu a encíclica *Ad caeli Reginam* (Rainha do céu), sobre a realeza de Maria, e instituiu para toda a Igreja a festa de Nossa Senhora Rainha. Mais tarde, o Papa Paulo VI escreveria na Exortação Apostólica *Signum Magnum* consagrada ao culto à Virgem Maria, Mãe da Igreja e modelo de todas as virtudes:

> A solenidade da Assunção tem um prolongamento festivo na celebração da realeza da Bem-aventurada Virgem Maria, que ocorre oito dias mais tarde, e na qual se contempla aquela que, sentada ao lado do Rei dos Séculos, resplandece como Rainha e intercede como Mãe (n. 6).

Esse gesto quer externar o carinho que sentimos pela Mãe de Jesus e nossa Mãe. Não se trata de uma devoção vazia de sentido, nem mesmo de a considerarmos uma deusa, pois Maria não é um fim em si mesma. Não é meta, mas é sinal. Sua missão é sempre nos apontar Jesus. Ela é aurora que antecede a luz radiante do magnífico sol que é Cristo. Coroamos a sua imagem porque em nosso coração ela tem um lugar especial, pois pelo seu *fiat* (faça-se) Deus torna-se Homem em seu seio virginal. Ao anúncio do Arcanjo Gabriel, que lhe falou claramente: "aquele que vai nascer será chamado santo, Filho de Deus" (cf. Lc 1,35), Maria não titubeia e se coloca como serva, não só com palavras, mas também quando vai ao encontro de sua prima Isabel, que, ao receber sua visita, exclamou: "Como mereço que a mãe do meu Senhor venha me visitar?" (Lc 1,43).

Coroamos a imagem de Maria, Nossa Senhora, Mãe de Jesus e nossa Mãe, como gesto simbólico, para aprendermos com ela a cantar as maravilhas de Deus no nosso dia a dia, reconhecendo-o como Deus Vivo: "A minha alma engrandece o Senhor, e meu espírito se alegra em Deus, meu Salvador" (Lc 1,47).

Diz o Bem-aventurado João Paulo II:

A Mãe do Redentor tem um lugar bem preciso no plano da salvação, porque, "ao chegar a plenitude dos tempos, Deus enviou o seu Filho, nascido de uma mulher, nascido sob a Lei e para que recebêssemos a adoção de filhos" (Gl 4,4-5).

E proclamou exultante São Bernardo:

Ó tu, que te sentes, longe da terra firme, levado pelas ondas deste mundo, no meio dos temporais e das tempestades, não desvies o olhar da luz deste Astro, se não quiserdes perecer. Se o vento das tentações se elevar, se o recife das provações se erguer na tua estrada, olha para a Estrela, chama por Maria.

Se fores sacudido pelas vagas do orgulho, da ambição, da maledicência, do ciúme, olha para a Estrela, chama por Maria. Nos perigos, nas angústias, nas dúvidas, pensa em Maria, invoca Maria. Que seu nome nunca se afaste de teus lábios, que não se afaste de teu coração; e para obter o auxílio da sua oração, não te descuides do seu exemplo de vida. Seguindo-a, terás a certeza de não te desviares; suplicando-lhe, de não desesperares; consultando-a, de não te enganares. Se ela te segurar, não cairás; se te proteger, nada terás de temer; se te conduzir, não sentirás cansaço; se te for favorável, atingirás o objetivo.

Novena a Nossa Senhora, Mãe de Deus e da humanidade

Nesta novena, que fazemos em louvor e súplica a Maria, invoquemo-la com o título que nos é mais caro – Nossa Senhora da Saúde, Imaculada Conceição, Rosa Mística, Mãe de Deus, Nossa Senhora de Lourdes... – e, confiantes, peçamos sua intercessão. (Cada um peça, em silêncio, a graça de que necessita e, se for oportuno, sejam apresentadas também intenções em comum.)

Vamos meditar sobre a oração da Ave-Maria. Assim como a oração do Pai-Nosso, que nasceu do coração de Jesus Cristo, a pedido de um de seus discípulos (Lc 11,1-4 e Mt 6,9-13), a primeira parte da oração da Ave-Maria também foi retirada da Bíblia, mais precisamente do Evangelho de Lucas. A segunda parte (Santa Maria, Mãe de Deus) foi introduzida por ocasião da vitória sobre a heresia nestoriana, condenada no ano de 429, no Concílio de Éfeso.

Acolhida e oração inicial
(para todos os dias)

A: Em nome do Pai, do Filho e do Espírito Santo *(recitado ou cantado)*.

T: Amém.

A: O Anjo do Senhor anunciou a Maria.

T: E ela concebeu do Espírito Santo.

Ave, Maria...

A: Eis aqui a serva do Senhor.

T: Faça-se em mim segundo a vossa Palavra.

Ave, Maria...

A: E o Verbo divino se fez homem.

T: E habitou entre nós.

Ave, Maria...

A: Rogai por nós, Santa Mãe de Deus.

T: Para que sejamos dignos das promessas de Cristo... E concedei-me a graça que agora vos peço (*breve tempo de silêncio*).

A: (*juntos*) Infundi, Senhor, em nossos corações a vossa graça, a fim de que, conhecendo pelo anúncio do anjo a encarnação de Jesus Cristo, vosso Filho, cheguemos, pela sua paixão e morte, à glória da ressurreição. Pelo mesmo Cristo, nosso Senhor. Amém.

Glória ao Pai...

Oração final[1]

A: Nosso encontro de hoje chega ao final e nós nos sentimos enviados a testemunhar nossa fé em Jesus Cristo e em Maria, Mãe de Deus e nossa, a todos os nossos irmãos. Rezemos, confiando a ela toda a humanidade, a Igreja, as vocações sacerdotais, religiosas e missionárias, e também as nossas necessidades pessoais.

---

[1] Oração composta pelo Bem-aventurado Tiago Alberione, fundador da Família Paulina.

Ó Maria Imaculada, corredentora do gênero humano! Olhai para a humanidade, libertada pelo sangue do vosso divino Filho, e ainda envolta pelas trevas de tantos erros e no lodaçal dos vícios! "A messe é grande, mas os operários são poucos." Tende compaixão, ó Maria, dos filhos que Jesus vos confiou ao morrer na cruz. Multiplicai as vocações religiosas e sacerdotais. Dai-nos novos missionários, cheios de sabedoria e de fervor. Com vossos cuidados de Mãe, sede o apoio daqueles que consagram sua vida ao bem do próximo. Abençoai as nossas famílias. Sustentai os pais e mães, na sua missão de formadores da fé. Recordai o que fizestes por Jesus e pelo apóstolo João, e as vossas insistentes preces ao Senhor, para que enviasse o Espírito Santo aos primeiros discípulos de Jesus.

Fostes a conselheira dos primeiros cristãos e dos cristãos de todos os tempos!

Com a vossa onipotência suplicante, renovai o divino Pentecostes sobre os chamados à missão na vossa Igreja. Santificai-os, intensificai sua capacidade de amar e de doar-se, pela glória de Deus e a salvação das pessoas! Guiai-os em todos os seus passos! Enriquecei-os de graças, dai-lhes coragem nos momentos de desânimo! Ouvi-nos, ó Maria, para que todos acolham o Divino Mestre, Caminho, Verdade e Vida, e cheguem à unidade da fé na sua Igreja! Por toda a terra ressoem os vossos louvores! E todos vos venerem como Mãe de Deus e de todos nós! E, assim, possamos chegar à bem-aventurança eterna. Amém.

PRIMEIRO DIA

"Ave, Maria, cheia de graça, o Senhor é convosco!"

A: Vamos rezar e meditar a saudação do Anjo Gabriel a Maria *(acolhida e oração inicial, p. 18)*.

A: Ave, ó Maria, cheia de graça! A palavra do anjo foi uma abertura de luz para o coração da jovem Maria, escolhida para ser a mãe do Salvador. Aconteceu nesse instante o encontro de Deus com sua serva. E, por meio dela, Jesus veio ao nosso mundo para nos salvar.

T: Salve, ó Senhora Santa, Rainha Santíssima, Mãe de Deus, ó Maria, que sois Virgem feita Igreja, eleita pelo Santíssimo Pai celestial, que vos consagrou por seu Santíssimo e dileto Filho e o Espírito Santo Paráclito. Em vós residiu e reside toda a plenitude da graça e todo o bem. Salve, ó Palácio do Senhor! Salve, ó Sacrário do Senhor! Salve, ó Morada do Senhor! Salve, ó Manto do Senhor! Salve, ó Serva do Senhor! Salve, ó Mãe do Senhor! (São Francisco de Assis).

A: Ave, ó Maria, cheia de graça, o Senhor é convosco! Nesta saudação tão singela, o próprio Deus, por meio do anjo, saúda Maria. Quando rezamos a Ave-Maria, nós ousamos retomar a saudação de Maria com o mesmo olhar que Deus lançou sobre sua serva, alegrando-nos com a mesma alegria que Deus encontrou nela.

T: Maria, levastes nos braços a Igreja nascente; a humanidade foi entregue por Jesus aos vossos cuidados. Por vós, ó Maria, as pessoas, as famílias, os povos se unam na verdade, na caridade e na justiça.

A: Ave, cheia de graça! O humano é elevado ao divino e Deus se faz presente entre nós. E isso acontece na intimidade de uma casa pobre da periferia de Nazaré.

T: Virgem Santíssima, Mãe do Verbo Humanado. Medianeira de todas as graças e Refúgio dos pecadores, com viva fé recorremos a vosso maternal amor e vos pedimos a graça necessária para fazer sempre a vontade de Deus.

A: Ave, Maria, o Senhor é convosco! Ao rezarmos a Ave-Maria, repetimos as profecias anunciadas por Deus através do Anjo Gabriel e a realização dos mistérios da nossa salvação em Cristo. É a Palavra de Deus repetida para pedir a intercessão daquela que acreditou e se tornou Mãe do Salvador e Mãe de Deus.

T: Ave, Maria...

Canto: Aclamação à Palavra.

L1: Lc 1,26-28.

Reflexão

L2: Sem dúvida, uma das mais belas orações é a Ave-Maria, composta da saudação do Arcanjo São Gabriel: "Ave, ó cheia de graça, o Senhor é convosco"; das palavras de Santa Isabel: "Bendita sois vós entre as mulheres, e bendito é o fruto do vosso ventre"; e com o acréscimo inserido pela Igreja: "Santa Maria, Mãe de Deus, rogai por nós, pecadores, agora e na hora de nossa morte. Amém".

T: Alegrai-vos, Maria, ó cheia de graça!

L2: A oração da Ave-Maria encerra as principais grandezas de Nossa Senhora. Diz São Luís Grignon de Montfort: "A saudação angélica resume na mais concisa síntese toda a teologia cristã sobre a Santíssima Virgem. Há nela um louvor e uma invocação: encerra o louvor da verdadeira grandeza de Maria; a invocação contém tudo o que lhe devemos pedir e o que de sua bondade podemos alcançar".

T: Alegrai-vos, Maria, ó cheia de graça!

L2: "Maria é cheia de graça porque o Senhor está com ela. A graça com que ela é cumulada é a presença daquele que é a fonte de toda graça... Maria é o lugar onde reside a glória do Senhor; é a morada de Deus entre os homens. Cheia de graça e toda dedicada àquele que nela vem habitar" *(Catecismo da Igreja Católica).*

T: Alegrai-vos, Maria, ó cheia de graça!
Canto: *(a escolher).*

Partilha

A: O que me pede hoje a Virgem Maria, Mãe de Deus e Mãe de toda a humanidade, como gesto concreto em prol de meus irmãos?

(Uma atitude de perdão, um gesto de bondade, uma ajuda a alguém, um sorriso a alguém que está precisando... cada um veja a que seu coração o impulsiona na realização de uma boa ação durante esta novena).

Oração final (p. 19)

SEGUNDO DIA

"Não tenhais medo, Maria!
Encontrastes graça junto de Deus"

A: *(acolhida e oração inicial, p. 18).*

A: "Não tenhais medo, Maria!". Diz o grande apóstolo de Maria, São Luis G. Montfort, que os hereges têm horror à oração da Ave-Maria. Eles podem até aprender a recitar o Pai-Nosso, mas nunca a Ave-Maria, "preferem carregar sobre si uma serpente antes que um rosário".

T: Olhai com misericórdia, ó Maria, para todas as pessoas que vivem neste mundo! Muitos se acham perdidos nas trevas, sem Pai, sem Pastor, sem Mestre. Socorrei-os, ó cheia de graça!

A: "Encontrastes graça junto de Deus!". Não há graça de Deus que não possamos alcançar por meio de Maria. No entanto, é bom lembrar que nos devemos preparar para alcançar as graças que tanto pedimos. A função maternal de Maria para conosco jamais obscurece ou diminui a mediação única de Cristo junto ao Pai. Na Anunciação, Maria entregou-se a Deus completamente, tornando-se assim canal transparente da graça divina, disponibilidade perfeita à ação do Espírito Santo.

T: Recebestes de Deus, ó Mãe, a missão de nos dar Jesus, que é o Caminho, a Verdade e a Vida! Possamos nós, por vossa bondade, encontrar o caminho para Cristo!

A: "Não tenhais medo, Maria... encontrastes graça junto de Deus!". O Concílio Vaticano II, apresentando Maria no mistério de Cristo, mostra-nos o caminho para aprofundarmos o conhecimento do mistério da Igreja – corpo de Cristo. Maria é Mãe da Igreja porque é a "Mãe do Verbo Encarnado" (*Redemptoris Mater*, n. 5). A plenitude de graça anunciada pelo anjo significa o dom do próprio Deus à Virgem de Nazaré. Ela é a "cheia de graça... a bendita entre todas as mulheres"!

T: Ave, Maria, cheia de graça, o Senhor é convosco e bendito é o fruto do vosso ventre, Jesus!

Canto: Aclamação à Palavra.

L1: Lc 1,29-33.

Reflexão

L2: "Pela fé, Maria acolheu a palavra do anjo e acreditou no anúncio de que seria Mãe de Deus na obediência de sua dedicação" (Bento XVI, Carta Apostólica *Porta Fidei*, n. 13).

T: Ó Maria, concebida sem pecado, em vista dos méritos de vosso Filho Jesus, rogai por nós que recorremos a vós.

L2: Maria gera para a vida nova e para a eternidade os filhos concebidos por ação do Espírito Santo e nascidos de Deus pelo Santo Batismo.

T: Ó Maria, concebida sem pecado, em vista dos méritos de vosso Filho Jesus, rogai por nós que recorremos a vós.

L2: Maria não cessa de ser a "estrela do mar" para todos aqueles que ainda percorrem o caminho da fé. Se levantamos a ela nossos olhares e súplicas, nos diversos momentos de nossa existência terrena, é porque ela "deu à luz o Filho que Deus estabeleceu como primogênito entre muitos irmãos" (cf. Rm 8,29). Maria está sempre atenta, com amor de mãe, a estes seus filhos que somos nós.

T: Ó Maria concebida sem pecado, em vista dos méritos de vosso Filho Jesus, rogai por nós que recorremos a vós.

Canto: *(a escolher).*

Partilha

A: O que me pede hoje a Virgem Maria, Mãe de Deus e Mãe de toda a humanidade, como gesto concreto em prol de meus irmãos?

Oração final (p. 19)

TERCEIRO DIA

"O Espírito Santo descerá sobre ti!"

A: *(Acolhida e oração inicial, p. 18).*

A: O Arcanjo Gabriel, enviado por Deus, propõe à Virgem Maria a maternidade divina: "O Espírito Santo descerá sobre ti, e o poder do Altíssimo te cobrirá com a sua sombra. Por isso, aquele que vai nascer será chamado Santo, Filho de Deus" (Lc 1,35). Maria aceita na fé essa admirável missão e o Filho eterno do Pai se faz homem no seu seio. Jesus, o Cristo, o Ungido de Deus, é verdadeiro Deus e verdadeiro Homem, o Messias prometido, o Mestre Divino.

T: Sois bendito, ó Senhor, porque realizastes a promessa que havíeis anunciado pela boca dos profetas.

A: Jesus Cristo, pelo sim de Maria, faz-se menino, nasce em Belém e é acolhido por Maria e José, pelos pastores e pelos magos. Ali inicia sua escola de virtudes, de verdade e de bondade. "Embora de condição divina, fez-se homem" – começou como menino, fez o caminho humano como cada um de nós, para nos elevar até Deus.

T: Sois bendito, ó Jesus, Filho divino encarnado para estabelecer na terra o reino da verdade, da santidade e da graça. Adoro este mistério de poder e de amor. Sois a salvação para todos os povos!

A: "Em Maria, o Espírito Santo manifestou o Filho do Pai tornado Filho da Virgem..." (*Catecismo da Igreja Católica*). Repleta do Espírito Santo, Maria mostra ao mundo, aos pobres pastores, às primícias das nações, o Filho de Deus na humildade de sua pequenez, na fragilidade de uma criança.

T: Maria, Rainha do céu e da terra, Filha predileta do Pai, Mãe do Filho de

Deus, Esposa imaculada do Espírito Santo, alcançai-nos o dom da sabedoria celeste e a graça de sermos discípulos autênticos de Jesus, fiéis à sua Igreja, mensageira da verdade.

Canto: Aclamação à Palavra.

L1: Lc 1,34-38.

Reflexão

L2: Em virtude da cooperação singular de Maria com a ação do Espírito Santo, a Igreja nos convida a rezar em comunhão com ela, para exaltar as grandes coisas que Deus realizou na Virgem Santíssima e para confiar-lhe nossas súplicas e louvores. Desde o primeiro momento da encarnação no seio de Maria, começou por Jesus Cristo a glorificação e louvor de Deus, que é o primeiro e o mais perfeito apostolado do cristão. Começou também a redenção, que é o segundo apostolado daquele que busca ser discípulo de Jesus.

T: Maria, fazei resplandecer no mundo inteiro a luz do Evangelho. Dissipai os erros, congregai todas as pessoas na Igreja de Jesus Cristo. Iluminai os que estudam a Palavra de Deus e a comunicam a todos através da evangelização e do bom exemplo.

A: Maria, admiro e louvo o vosso privilégio, único no mundo, pois, agradando a Deus pela vossa humildade, fé e virgindade, fostes escolhida para ser a Mãe do Salvador, nosso Mestre, verdadeira luz do mundo, sabedoria incriada, fonte e primeiro Apóstolo da Verdade!

T: Maria, fazei resplandecer no mundo inteiro a luz do Evangelho. Dissipai os erros, congregai todas as pessoas na Igreja de Jesus Cristo. Iluminai os que estudam a Palavra de Deus e a comunicam a todos através da evangelização e do bom exemplo.

A: Quando rezamos a Maria, aderimos com ela ao plano do Pai, que enviou seu Filho ao mundo para salvar todas as pessoas.

T: Maria, fazei resplandecer no mundo inteiro a luz do Evangelho. Dissipai os erros, congregai todas as pessoas na Igreja de Jesus Cristo. Iluminai os que estudam a Palavra de Deus e a comunicam a todos através da evangelização e do bom exemplo.

Canto: *(a escolher).*

Partilha

A: O que me pede hoje a Virgem Maria, Mãe de Deus e Mãe de toda a humanidade, como gesto concreto em prol de meus irmãos?

Oração final (p. 19)

QUARTO DIA

"Eis a serva do Senhor! Faça-se em mim segundo a tua Palavra!"

A: *(acolhida e oração inicial, p. 18)*.

A: Maria concebeu o Filho de Deus de maneira livre, gratuita e generosa. Maria é privilegiada por Deus, cheia de graça, mas ela se intitula *"servidora de Deus e dos homens"*. O próprio Jesus ensinou que *"o maior deve ser como aquele que serve"* (cf. Lc 22,26; Jo 12,13-15).

T: *"A Bem-aventurada Virgem Maria foi verdadeira Mãe de Deus, e guardou sempre íntegra a virgindade, antes do parto, no parto e constantemente depois do parto"* (Papa Paulo VI).

A: Deus escolheu Maria, por benevolência ou gratuidade, para ser Mãe do seu Filho Único. Portanto, encheu-a de graça. Maria correspondeu fielmente ao dom de Deus, dizendo-se e fazendo-se serva do Senhor.

T: Maria, ajudai-me a libertar-me do egoísmo e da comodidade. Sou pecador, mas vós podeis me transformar em grande santo!

A: Maria foi escolhida como filha de Sião, ou seja, como membro de um povo chamado a gerar o Messias. Isto quer dizer que o "*sim*" de Maria é o "*sim*" de uma coletividade; é o "*sim*" de todo o gênero humano, chamado a se prolongar na Igreja através dos séculos. É o "sim" de cada um de nós que somos discípulos de Jesus.

T: O amor de Cristo nos impulsione a dizer sempre sim aos apelos de nossos irmãos que sofrem, a sermos discípulos e missionários do vosso divino Filho! Dai-nos um coração cheio de amor e dedicação aos nossos irmãos mais necessitados, semelhante ao vosso coração e ao de Jesus!

Canto: Aclamação à Palavra.

L1: Lc 1,34-38.

Reflexão

L2: "Como acontecerá isto?... o Espírito descerá sobre ti... para Deus, nada é impossível!". Na Anunciação, Maria entregou-se a Deus completamente, manifestando a obediência radical ao Pai que lhe falava mediante o seu mensageiro. Por vontade de Deus, Maria dá antes o seu consentimento ao pedido que ele lhe faz, e só então se torna a Mãe do Salvador.

T: Maria, nossa querida Mãe, porta do céu, fonte de paz e alegria, auxílio dos cristãos, confiança dos agonizantes, esperança dos desesperados... embora pecador, uno-me aos anjos e santos para cantar vossos louvores e vos bendizer.

A: Como o discípulo amado, acolhemos Maria em nossa casa, em nosso coração, em nossa vida. Podemos rezar com ela e a ela. Renovemos nossos pedidos à Virgem Santíssima e digamos com muita fé:

T: Ave, Maria...
Canto: *(a escolher).*

Partilha

A: O que me pede hoje a Virgem Maria, Mãe de Deus e Mãe de toda a humanidade, como gesto concreto em prol de meus irmãos?

Oração final (p. 19)

QUINTO DIA

Bendita sois vós entre as mulheres!

A: *(acolhida e oração inicial, p. 18).*

A: Após a saudação do Anjo Gabriel, dá-se a exaltação de Maria, pelas palavras de Santa Isabel, ao receber a visita da Virgem em sua casa. Pela ação do Espírito Santo, Santa Isabel reconhece e anuncia que Maria é a "Mãe do Senhor" na humilde louvação: "Bendita és tu entre as mulheres e bendito é o fruto do teu ventre" (Lc 1,42), "Jesus" (Lc 1,31). O Anjo Gabriel disse: "Eis que ela vai ficar grávida, terá um filho, e dará a ele o nome de Jesus".

T: Sois bendita, Maria, porque acreditastes em Deus e trouxestes Jesus ao mundo!

A: Bendita sois vós, Maria, porque "és repleta do Espírito Santo" (Lc 1,41). "Isabel é a primeira na longa série das gerações que declaram Maria bem-aventurada" *(Catecismo da Igreja Católica).*

T: Maria, eu vos agradeço porque destes à humanidade, Jesus, o Mestre Divino, Caminho, Verdade e Vida!

A: "Feliz aquela que acreditou..." (Lc 1,45). "Maria é 'bendita entre as mulheres' porque acreditou na realização da Palavra do Senhor. Abraão, por sua fé, tornou-se bênção 'para todas as nações da terra' (Gn 12,3). Por sua fé, Maria tornou-se a mãe dos que creem, porque, graças a ela, todas as nações da terra recebem aquele que é a própria bênção de Deus: 'Bendito é o fruto do vosso ventre, Jesus'" *(Catecismo da Igreja Católica).*

T: Vossa missão, ó Maria, está unida à de Jesus, que "veio procurar e salvar o que estava perdido". Tudo espero de vós: perdão, conversão, santidade!

Canto: Aclamação à Palavra.

L1: Lc 1,42-43.

Reflexão

L2: Bendita sois vós entre as mulheres!... "Porei inimizade entre ti e a mulher, entre a tua descendência e a dela. Esta te ferirá a cabeça e tu lhe ferirás o calcanhar" (Gn 3,15).

T: Bendita sois vós entre as mulheres e bendito é o fruto do vosso ventre, Jesus!

L2: "Ela deu à luz o seu filho primogênito, envolveu-o em faixas e deitou-o numa manjedoura, porque não havia lugar para eles na hospedaria" (Lc 2,7).

T: Bendita sois vós entre as mulheres e bendito é o fruto do vosso ventre, Jesus!

L2: "A partir do consentimento dado na fé por ocasião da Anunciação e mantido sem hesitação sob a cruz, a maternidade de Maria se estende a todos os irmãos e às irmãs de seu Filho, que ainda são peregrinos e expostos aos perigos e às misérias deste mundo" (*Catecismo da Igreja Católica*).

T: Ave, Maria...
Canto: *(a escolher).*

Partilha

A: O que me pede hoje a Virgem Maria, Mãe de Deus e Mãe de toda a humanidade, como gesto concreto em prol de meus irmãos?

Oração final (p. 19)

SEXTO DIA

Bendito é o fruto do vosso ventre, Jesus!

A: *(acolhida e oração inicial, p. 18).*

A: "Por sua fé, Maria se tornou a Mãe dos que creem, porque, graças a ela, todas as nações da terra recebem aquele que é a própria bênção de Deus: bendito é o fruto do vosso ventre, Jesus!" *(Catecismo da Igreja Católica).* Jesus, o único mediador entre o Pai e a humanidade, é o caminho de nossa oração. Maria, sua e nossa Mãe, nos mostra o caminho que é Jesus.

T: Ave, ó cheia de graça, bendito é o fruto do vosso ventre, Jesus!

A: Afirma Santo Tomás de Aquino: "O fruto da Virgem Maria é bendito por Deus, que de tal forma encheu-o de graças que sua simples vinda já nos faz render homenagem a Deus. 'Bendito seja Deus e Pai de nosso Senhor Jesus Cristo, que nos abençoou com toda bênção espiritual nos céus, em Cristo', declara São Paulo (Ef 1,3). O fruto da Virgem é bendito pelos anjos. O Apocalipse (7,11) nos mostra os anjos caindo com a face por terra e adorando o Cristo com seus cantos: 'O louvor, a glória, a sabedoria, a ação de graças, a honra, o poder e a força ao nosso Deus pelos séculos dos séculos. Amém'".

T: Ave, ó cheia de graça, bendito é o fruto do vosso ventre, Jesus!

A: "O fruto de Maria é também bendito pelos homens: toda a língua confesse que o Senhor Jesus Cristo está na glória de Deus Pai, nos diz o apóstolo (Fl 2,11). E o salmista (Sl 117,26) o saúda assim: 'Bendito o que vem em nome do Senhor'. Assim, pois, a Virgem é bendita, porém, bem mais ainda, é bendito o seu fruto."

T: Ave, ó cheia de graça, bendito é o fruto do vosso ventre, Jesus!

Canto: Aclamação à Palavra.
L1: Lc 1,44-45.

Reflexão

L2: "O pecador procura nas criaturas aquilo que não pode achar, mas o justo o obtém. 'A riqueza dos pecadores está reservada para os justos', dizem os Provérbios (13,22). Assim Eva procurou o fruto, sem achar nele a satisfação de seus desejos. A Bem-aventurada Virgem, ao contrário, achou sua deificação no fruto de suas entranhas. Por Cristo nos unimos a Deus e nos tornamos semelhantes a ele. Diz-nos São João: 'Quando Deus se manifestar, seremos semelhantes a ele, porque o veremos como ele é'" (1Jo 3,2) (Santo Tomás de Aquino).

T: No fruto da Virgem, encontramos a suavidade e a salvação. Quem come minha carne tem a vida eterna (cf. Jo 6,55).

L2: Eva desejava o deleite (cf. Gn 3,6), mas não o encontrou no fruto, e imediatamente conheceu que estava nua e a dor entrou em sua vida.

T: No fruto da Virgem, encontramos a suavidade e a salvação. Quem come minha carne tem a vida eterna (cf. Jo 6,55).

L2: "Enfim, o fruto de Eva era sedutor no aspecto, mas quão mais belo é o fruto da Virgem que os próprios anjos desejam contemplar (cf. 1Pd 1,12). É o mais belo dos filhos dos homens (Sl 44,3), porque é o esplendor da glória de seu Pai (Hb 1,3)" (Santo Tomás de Aquino).

T: No fruto da Virgem, encontramos a suavidade e a salvação. Quem come minha carne tem a vida eterna (cf. Jo 6,55).

Canto: *(a escolher)*.

Partilha

A: O que me pede hoje a Virgem Maria, Mãe de Deus e Mãe de toda a humanidade, como gesto concreto em prol de meus irmãos?

Oração final (p. 19)

SÉTIMO DIA

Santa Maria, Mãe de Deus!

A: *(acolhida e oração inicial, p. 18).*

A: "Santa Maria, Mãe de Deus, rogai por nós, pecadores!" Já desde os primeiros séculos da Era Cristã esta verdade fazia parte do patrimônio da fé da Igreja, até ser solenemente proclamada no Concílio de Éfeso, em 431. A Igreja contempla com admiração e celebra com veneração a imensa dignidade que Deus conferiu àquela que ele escolheu para Mãe de seu Filho.

T: "À vossa proteção recorremos, Santa Mãe de Deus. Não desprezeis as nossas súplicas em nossas necessidades; mas livrai-nos de todos os perigos, ó Virgem gloriosa e bendita."

A: "A Palavra de Deus vivo, anunciada pelo Anjo a Maria, referia-se a ela própria: 'Eis que conceberás e darás à luz um filho'

(Lc 1,31). Acolhendo este anúncio, Maria devia tornar-se a 'Mãe do Senhor' [...] Maria de Nazaré apresenta-se no limiar da casa de Isabel e de Zacarias como Mãe do Filho de Deus. É essa a descoberta letificante de Isabel: 'A mãe do meu Senhor vem ter comigo!" (João Paulo II, *Redemptoris Mater*, n. 13).

T: "A minha alma engrandece o Senhor, e o meu espírito exulta em Deus, meu Salvador, porque olhou para a humildade de sua serva e fez em mim grandes coisas, o Todo-poderoso."

A: A maternidade divina torna Maria a primeira e mais santa filha de Deus, a primeira e mais dócil discípula de Cristo. "A maternidade de Maria perdura incessantemente na Igreja, como mediação que intercede; e a Igreja exprime a sua fé nessa verdade, invocando-a como Advogada, Auxiliadora, (Perpétuo) Socorro e Medianeira" (João Paulo II, *Redemptoris Mater*, n. 40).

T: "Sua misericórdia perdura de geração em geração, para aqueles que o temem. Agiu com a força de seu braço, dispersou as pessoas de coração orgulhoso, depôs do trono os poderosos e elevou os humildes."

Canto: Aclamação à Palavra.

L1: Jo 19,25-27.

Reflexão

L2: No Novo Testamento não encontramos explicitamente o título "Mãe de Deus" dado a Maria. Encontramos aí, porém, afirmações que em seguida vão mostrar a reflexão atenta da Igreja, guiada pelo Espírito Santo, afirmando que Maria concebeu e deu à luz um filho que é o Filho do Altíssimo, santo e Filho de Deus (cf. Lc 1,31-32.35).

T: Maria, alcançai-me de Deus a graça de ser fiel a seu plano de amor. Sede a minha força contra o mal. Conservai-me junto de vós e de Jesus. Não me deixeis cair no pecado, não permitais que eu me afaste de vós, minha Mãe!

L2: Resulta dos Evangelhos que Maria é a mãe de um filho do qual se sabe que é o Filho de Deus. Nos Evangelhos ela é comumente chamada de Mãe de Jesus, Mãe do Senhor (cf. Lc 1,43), ou simplesmente "mãe" e "sua mãe" (cf. Jo 2,1-3).

T: Maria, alcançai-me de Deus a graça de ser fiel a seu plano de amor. Sede a minha força contra o mal. Conservai-me junto de vós e de Jesus. Não me deixeis cair no pecado, não permitais que eu me afaste de vós, minha Mãe!

Canto: *(a escolher).*

Partilha

A: O que me pede hoje a Virgem Maria, Mãe de Deus e Mãe de toda a humanidade, como gesto concreto em prol de meus irmãos?

Oração final (p. 19)

OITAVO DIA

Rogai por nós, pecadores!

A: *(acolhida e oração inicial, p. 18).*

A: Pedindo a Maria que reze por nós, reconhecemo-nos como pobres pecadores e nos dirigimos à "Mãe de misericórdia", à toda santa, com o coração aberto à manifestação da vontade de Deus em nós. Em virtude da cooperação singular de Maria com a ação do Espírito Santo, a Igreja gosta de rezar em comunhão com ela, para exaltar com ela as grandes coisas que Deus realizou nela e realiza ainda hoje em cada um de seus filhos fiéis.

T: Maria, nossa querida Mãe, porta do céu, esperança dos desesperados... reconhecendo-me pecador, uno-me aos santos para vos louvar e bendizer!

A: "Todos eles perseveravam na oração em comum, juntamente com algumas mulheres – entre elas, Maria, mãe de Jesus – e com os irmãos dele" (At 1,14).

T: Ó Deus, que concedestes o Espírito Santo aos vossos Apóstolos, que oravam unânimes com Maria, fazei que também nós, protegidos por essa mesma Mãe, Mestra e Rainha, saibamos servir fielmente à Trindade Santa e proclamemos sempre o vosso nome glorioso.

A: Entregamo-nos a ela "agora", no hoje de nossas vidas. E nossa confiança aumenta para desde já entregar em suas mãos "a hora de nossa morte". Que ela esteja então presente, como na morte na cruz de seu Filho, e que na hora de nossa passagem nos acolha como nossa Mãe, para nos conduzir a seu Filho, Jesus, no Paraíso.

T: Ó Maria, que todas as gerações cantem vossas glórias, porque o Senhor fez por vós grande coisas. Vós sois a Imaculada, a Sempre Virgem, a Cheia de

Graça, a Filha querida do Pai, a excelsa Esposa do Espírito Santo, a digna Mãe de Jesus Mestre!

L1: Jo 2,1-11.

Reflexão

L2: Conta-se que no dia de encerramento do Concílio, quando os padres conciliares "exaltaram as virtudes e as prerrogativas especiais da Virgem Maria", o Santo Padre Celestino ajoelhou-se diante da assembleia e saudou Nossa Senhora, dizendo: "*Santa Maria, Mãe de Deus*, rogai por nós, pecadores, agora e na hora de nossa morte. Amém".

T: "*Santa Maria, Mãe de Deus*, rogai por nós, pecadores, agora e na hora de nossa morte. Amém."

L2: Na continuidade dos anos, esta saudação foi unida àquela que o Arcanjo Gabriel fez a Maria, conforme o Evangelho de Jesus, segundo Lucas 1,28: "Alegra-te, cheia de graça, o Senhor está contigo!", e também à outra saudação que Isabel fez a Maria, para auxiliá-la durante os últimos três meses de sua gravidez: "Bendita és tu entre as mulheres e bendito é o fruto do teu ventre" (Lc 1,42). Estas três saudações deram origem à Ave-Maria.

T: *"Santa Maria, Mãe de Deus,* rogai por nós, pecadores, agora e na hora de nossa morte. Amém."

Canto: *(a escolher).*

Partilha

A: O que me pede hoje a Virgem Maria, Mãe de Deus e Mãe de toda a humanidade, como gesto concreto em prol de meus irmãos?

Oração final (p. 19)

NONO DIA

Agora e na hora de nossa morte. Amém!

A: *(acolhida e oração inicial, p. 18).*

A: Rezar à Santa Maria é um exercício que nos faz meditar nos dois momentos mais importantes da nossa vida terrena: no *agora* e na *hora da nossa morte*. Se fizéssemos sempre essa reflexão e parássemos para pensar mais sobre ela, nós, com certeza, compreenderíamos melhor o hoje em que vivemos.

T: Maria, eu vos consagro toda a minha vida! Intercedei junto a Deus por mim, agora e na hora de minha morte. Naquele momento, conduzi-me de volta ao Pai. Não me abandoneis enquanto não estiver convosco no céu, para vos amar eternamente.

A: "Entregamo-nos a Maria, 'agora', no hoje de nossas vidas. E nossa confiança aumenta para, desde já, entregar em suas mãos 'a hora de nossa morte'. Que ela esteja ali presente, como na morte na cruz de seu Filho, e que na hora de nossa passagem ela nos acolha como nossa Mãe, para nos conduzir a seu Filho, Jesus, no Paraíso" *(Catecismo da Igreja Católica)*.

T: Maria, eu vos consagro toda a minha vida! Intercedei junto a Deus por mim, agora e na hora de minha morte. Naquele momento, conduzi-me de volta ao Pai. Não me abandoneis enquanto não estiver convosco no céu, para vos amar eternamente.

Canto: Aclamação à Palavra.
L1: Gl 4,4-8.

Reflexão

L2: Todas as vezes que rezarmos a Ave-Maria, coloquemo-nos na presença do Senhor e, como num ímã, vamos atraí-lo até nós. Vamos pedir sua proteção e permanência em nossa vida. Mas vamos, sobretudo, nos conscientizar de que Deus sempre está conosco. Nós, em muitas ocasiões, nos esquecemos dele e não vivemos a nossa fé com amor e doação. Que Maria nos ensine a ficar com Deus e a estabelecer laços de amizade e amor com o Criador, para que recuperemos o Deus da nossa história que nos formou e nos quer inteiramente para ele.

T: Santa Maria, Mãe de Deus, rogai por nós, pecadores, agora e na hora de nossa morte. Amém!

L2: Da mesma forma que Deus está com Maria, ele está conosco. Só podemos percebê-lo quando desmistificamos os conceitos e passamos a viver como crianças (cf. Mt 19,14). Olhar o mundo e a relação com o Criador a partir dos olhos de Maria é uma boa tentativa de mudar e simplificar a existência, já que buscamos complexidades que geram dificuldades.

T: Santa Maria, Mãe de Deus, rogai por nós, pecadores, agora e na hora de nossa morte. Amém!

L2: Da maternidade divina de Maria brotam todos os outros privilégios da Bem-aventurada Virgem Maria. Deus escolheu e preferiu que Jesus nascesse de uma mulher, e a mulher escolhida foi a Virgem Maria, mulher como todas as mulheres de seu tempo. Mulher pobre. Dona de casa. Mulher de origem humilde, mas profundamente temente ao Senhor da Vida e da História. Mulher da paz. Mulher do silêncio! Mulher que soube entender e executar o projeto de salvação do seu Santíssimo Filho.

T: *"Ave, Maria, cheia de graça, o Senhor é convosco. Bendita sois vós entre as mulheres e bendito o fruto de seu ventre, Jesus. Santa Maria, Mãe de Deus, rogai por nós, pecadores, agora e na hora da nossa morte. Amém!"*

Canto: *(a escolher).*

Partilha

A: O que me pede hoje a Virgem Maria, Mãe de Deus e Mãe de toda a humanidade, como gesto concreto em prol de meus irmãos?

Oração final (p. 19)

COROAÇÃO DE NOSSA SENHORA
Roteiro

Material necessário

- Imagem de Nossa Senhora
- Manto
- Coroa
- Bexigas de cores diversas
- Foguetes de chuva de papel, comprados em lojas de artigos para festa (ou pétalas de flores)
- Alimentos não perecíveis ou utensílios a serem doados a uma ou mais famílias necessitadas

Celebração

A: Como a luz do dia vem do sol, a realeza de Maria vem de sua maternidade divina. Já na Anunciação o Arcanjo falava do reinado sem fim do menino que lhe nasceria por obra e graça do Espírito Santo (cf. Lc 1,33). Por que não haveria de ser Rainha aquela que o próprio Deus escolhera para ser a Mãe do "Rei dos reis e Senhor dos Senhores" (Ap 19,16) e que, por isso mesmo, foi preservada imaculada desde a concepção, feita "cheia de graça" (Lc 1,28) e mantida virgem durante e depois do parto?

T: Maria, Rainha do céu e da terra, Filha predileta do Pai, Mãe do Filho de Deus, Esposa imaculada do Espírito Santo, admiro e louvo o vosso privilégio único no mundo, pois, agradando a Deus pela vossa humildade, fé e virgindade, fostes escolhida para ser a Mãe do Salvador.

Música: "Ave, Maria", versão instrumental. *(Durante a execução da música, as crianças entram em procissão. Primeiro, formam duas colunas, no corredor central da Igreja, intercalando as cores das bexigas. A seguir, adentram as crianças que trazem as pétalas ou os foguetes de chuva* *de papel, que aguardam no palco. Por fim, entra alguém levando a imagem que será fixada no nicho, o manto e a coroa.)*

Coroação: efetuam-se os procedimentos da coroação, conforme a letra do canto (ADRIANA. Coroação de Nossa Senhora. In: *Lindo céu*. São Paulo: Comep, 2003. 1 CD).

A: Coroando hoje Nossa Senhora, nós contemplamos sua glória no céu e colocamo-nos sob a sua proteção. Maria é a nossa Rainha e nós queremos servi-la com amor e dedicação, vivendo com entusiasmo nossa fé e a caridade, na ajuda e respeito a todas as famílias de nossa comunidade.

T: Acolhei, ó Mãe querida, o nosso amor e conservai-nos unidos entre nós e em comunhão com vosso Filho, nosso Senhor Jesus Cristo.

Criança: Recebei, ó Mãe querida, o manto azul da cor do céu. Estendei o vosso manto sobre nós, guardai-nos de todos os perigos e fortalecei a nossa fé.

(Todos cantam a primeira estrofe do canto, enquanto a criança coloca o manto sobre a imagem):

– Senhora, Rainha / Tão linda estás / Trouxemos presentes / Pra te ofertar

– Este *manto* celeste / Azul cor do céu / Que protege e guarda / Teus filhos pra Deus

Criança: Recebei, ó Mãe querida, a coroa de nosso amor. Ensinai-nos a viver os valores do Reino de Deus, por toda a nossa vida.

(Todos cantam a segunda estrofe do canto, enquanto duas crianças colocam a coroa sobre a cabeça de Maria):

– Senhora, Rainha / Tão linda estás / Trouxemos presentes / Pra te ofertar

– A *coroa* é prova / De quem soube amar / E pra ver teu sorriso / Colhemos pra ti / Chuva de *pétalas!*

(Todos aclamam Maria com palmas, enquanto as crianças, de onde estão, jogam sobre a imagem pétalas de flores ou papel. A seguir, todos continuam a cantar, enquanto as pessoas presentes levam, até o lugar já preparado para isto, os dons a serem ofertados):

– Senhora, Rainha / Tão linda estás / Trouxemos presentes / Pra te ofertar

– Abençoa as *famílias* / O nosso *país* / As *crianças* / E os *jovens* / Que esperam em ti!

(Durante a procissão, pode-se repetir o canto de coroação, ou mesmo, terminando-o, entoar outro canto de Nossa Senhora, à escolha dos animadores.)

Finalizar com a bênção dada pelo presidente da celebração.

NOSSAS DEVOÇÕES
(Origem das novenas)

De onde vem a prática católica das novenas? Entre outras, podemos dar duas respostas: uma histórica, outra alegórica.

Historicamente, na Bíblia, no início do livro dos Atos dos Apóstolos, lê-se que, passados quarenta dias de sua morte na Cruz e de sua ressurreição, Jesus subiu aos céus, prometendo aos discípulos que enviaria o Espírito Santo, que lhes foi comunicado no dia de Pentecostes.

Entre a ascensão de Jesus ao céu e a descida do Espírito Santo, passaram-se nove dias. A comunidade cristã ficou reunida em torno de Maria, de algumas mulheres e dos apóstolos. Foi a primeira novena cristã. Hoje, ainda a repetimos todos os anos, orando, de modo especial, pela unidade dos cristãos. É o padrão de todas as outras novenas.

A novena é uma série de nove dias seguidos em que louvamos a Deus por suas maravilhas, em particular, pelos santos, por cuja intercessão nos são distribuídos tantos dons.

Alegoricamente, a novena é antes de tudo um ato de louvor ao Pai, ao Filho e ao Espírito Santo, Deus três vezes Santo. Três é número perfeito. Três vezes três, nove. A novena é louvor perfeito à Trindade. A prática de nove dias de oração, louvor e súplica confirma de maneira extraordinária nossa fé em Deus que nos salva, por intermédio de Jesus, de Maria e dos santos.

O Concílio Vaticano II afirma: "Assim como a comunhão cristã entre os que caminham na terra nos aproxima mais de Cristo, também o convívio com os santos nos une a Cristo, fonte e cabeça de que provêm todas as graças e a própria vida do povo de Deus" (*Lumen Gentium*, 50).

Nossas Devoções procuram alimentar o convívio com Jesus, Maria e os santos, para nos tornarmos cada dia mais próximos de Cristo, que nos enriquece com os dons do Espírito e com todas as graças de que necessitamos.

Francisco Catão

Coleção Nossas Devoções

- *Albertina Berkenbrock*. Novena e biografia – Sérgio Jeremias de Souza
- *Divino Espírito Santo*. Novena para a contemplação de dons e frutos – Mons. Natalício José Weschenfelder e Valdecir Bressani
- *Dulce dos Pobres*. Novena e biografia – Marina Mendonça
- *Frei Galvão*. Novena e história – Pe. Paulo Saraiva
- *Imaculada Conceição*. Novena ecumênica – Francisco Catão
- *Jesus, Senhor da vida*. Dezoito orações de cura – Francisco Catão
- *Maria, Mãe de Jesus e da humanidade*. Novena e Coroação de Nossa Senhora – Aparecida Matilde Alves
- *Menino Jesus de Praga*. História e novena – Giovanni Marques
- *Nossa Senhora Achiropita*. Novena e biografia – Antonio S. Bogaz e Rodinei Thomazella
- *Nossa Senhora Aparecida*. História e novena – Maria Belém
- *Nossa Senhora da Cabeça*. História e novena – Mario Basacchi
- *Nossa Senhora da Luz*. Novena e história – Maria Belém
- *Nossa Senhora da Penha*. Novena e história – Maria Belém
- *Nossa Senhora das Graças ou Medalha Milagrosa*. Novena e origem da devoção – Mario Basacchi
- *Nossa Senhora de Caravaggio*. História e novena – Pe. Volmir Comparin e Pe. Leomar Antônio Brustolin
- *Nossa Senhora de Fátima*. Novena e história das aparições aos três pastorzinhos – Mons. Natalício José Weschenfelder
- *Nossa Senhora de Guadalupe*. Novena e história das aparições a São Juan Diego – Maria Belém
- *Nossa Senhora de Lourdes*. História e novena – Mons. Natalício José Weschenfelder
- *Nossa Senhora de Nazaré*. Novena e história – Maria Belém
- *Nossa Senhora Desatadora dos Nós*. História e novena – Frei Zeca
- *Nossa Senhora do Bom Parto*. Novena e reflexões bíblicas – Mario Basacchi
- *Nossa Senhora do Carmo*. Novena e história – Maria Belém
- *Nossa Senhora do Desterro*. História e novena – Celina H. Weschenfelder
- *Nossa Senhora do Perpétuo Socorro*. História e novena – Mario Basacchi

- *Novena à Divina Misericórdia.* Santa Maria Faustina Kowaslka, história e orações – Tarcila Tommasi
- *Novena do Bom Jesus* – Francisco Catão
- *Orações do cristão.* Preces diárias – Celina H. Weschenfelder (org.)
- *Os anjos de Deus.* Novena – Francisco Catão
- *Padre Pio.* Novena e história – Maria Belém
- *Paulo, homem de Deus.* Novena de São Paulo, Apóstolo – Francisco Catão
- *Sagrada face.* História, novena e devocionário – Giovanni Marques
- *Sagrada Família.* Novena – Pe. Paulo Saraiva
- *Sant'Ana.* Novena e história – Maria Belém
- *Santa Cecília.* Novena e história – Frei Zeca
- *Santa Edwiges.* Novena e biografia – J. Alves
- *Santa Filomena.* História e novena – Mario Basacchi
- *Santa Joana d'Arc.* Novena e biografia – Francisco de Castro
- *Santa Luzia.* Novena e biografia – J. Alves
- *Santa Paulina.* Novena e biografia – J. Alves
- *Santa Rita de Cássia.* Novena e biografia – J. Alves
- *Santa Teresinha do Menino Jesus.* Novena e biografia – Mario Basacchi
- *Santo Afonso de Ligório.* Novena e biografia – Mario Basacchi
- *Santo Antônio.* Novena, trezena e responsório – Mario Basacchi
- *Santo Expedito.* Novena e dados biográficos – Francisco Catão
- *São Benedito.* Novena e biografia – J. Alves
- *São Bento.* História e novena – Francisco Catão
- *São Cosme e São Damião.* Biografia e novena – Mario Basacchi
- *São Cristóvão.* História e novena – Pe. Mário José Neto
- *São Francisco de Assis.* Novena e biografia – Mario Basacchi
- *São Geraldo Majela.* Novena e biografia – J. Alves
- *São Judas Tadeu.* História e novena – Maria Belém
- *São Marcelino Champagnat.* Novena e biografia – Ir. Egídio Luiz Setti
- *São Miguel Arcanjo.* Novena – Francisco Catão
- *São Pedro, Apóstolo.* Novena e biografia – Maria Belém
- *São Sebastião.* Novena e biografia – Mario Basacchi
- *São Tarcísio.* Novena e biografia – Frei Zeca
- *São Vito, mártir.* História e novena – Mario Basacchi
- *Tiago Alberione.* Novena e biografia – Maria Belém

Impresso na gráfica da
Pia Sociedade Filhas de São Paulo
Via Raposo Tavares, km 19,145
05577-300 - São Paulo, SP - Brasil - 2012